Zurück zu den Wortzeln

Das Kind im Manne wird nie ausgetragen.

Testnoli Spyskiew

Jürgen Trumann

Zurück zu den Wortzeln

Kinder-, Kirchen- und Kneipenlyrik

Verlag Buchhandlung Macht

Inhalt

Feine Spinnereien

Federlesen

Grzimericks

Vom Pferde erzählende Verse

Limericks

Alles im grünen Bereich

Lieb äugeln ...

Dicht auf den Versen der Minne

Ausgeschwärmt

Gastrosophische Strophen

Zwischen Himmel und Erde

Statt eines Vorwortz:

Karotten, wie sie im Buche stehn

Karotten kannten die Griechen schon
in der Antike: als *karoton.*
Lässt du dir Möhren im Munde zergehn,
kannst du die Sprachwurzel deutlich verstehn.

Beim Abbeißen schon klingt es mitlauterregend
„Krt!" – bei gesunden Gebissen.
Die Selbstlaute kannst du mit gutem Gewissen
dir dazu denken.
Du würdest dir jetzt nur die Zunge verrenken.
Auch flögen sonst Silben des Wortz durch die Gegend ...

Man spricht nicht mit vollem Munde.
Ich rate aus diesem Grunde:
Gönne der Möhre, der guten,
selbst redend einige Schweigeminuten.

Kinds- und Hundsgeschichten

Rede-Wendung

Ich hab mir erlaubt
deinen Wortschatz zu plündern,
hab dich nicht beraubt,
hab vielmehr gleich den Kindern
ein paar Worte geklaubt,
die mir gefielen,
damit zu spielen.

Ich geb sie dir wieder zurück.
Doch, doch!

Mit etwas Glück
erkennst du sie noch.

Kindliche Zuneigung

12

Die Arme hinter den Rücken gestreckt,
den Oberkörper nach vorne gereckt,
den Hals und das Haupt leicht erhoben,
die Lippen nach vorne geschoben,
gespitzt,
die Augen geschlossen, vor Störung geschützt –
ganz ernst ist es dir. Und doch muss ich lachen.
Was musst du auch so einen Zierkuss machen.

Hundefreundliches Abendlied

Der Vollmond schimmert silberhell
hoch überm Bauernhofe
und lauscht dem Hundezwiegebell.
Er kennt fast jede Strophe.

Er hört´ den Hundenachtgesang
schon viele tausend Male
und spiegelt sich gern stundenlang
in Hassos Wasserschale.

Der Hofhund singt sein Nachtgebet
wie schon der Wolf vor Zeiten.
Der Vollmond lächelt still und geht –
er wird es weiterleiten.

Der über allen Sternen thront,
hat es so eingerichtet.
Er gab dem Hund den Silbermond,
damit er ein Gesicht hätt,

zu dem er sich erheben mag
als ständigen Vertreter:
ein Hundehimmelkonsulat
für ungelehrte Beter.

Uns Menschen gilt dies *dog*ma nicht,
nur Hasso oder Hector.
Den Menschen sei das Mondgesicht
nur Sonnenlichtreflektor.

Das Mähchen vom schwarzen Schäfchen

Schwarzes Schäfchen liegt im Grase,
döst ein wenig, hört vertrautes
Wiederkäu´n der Tanten und Cousinen.
In den Blumen brummen Bienen.
Und grad vor des Schäfchens Nase
plagt am Halme eines Wolfsmilchkrautes
sich ein Käfer.

Fern der Schäfer
weiß von nichts,
als angesichts
des winzig kleinen Käferleins
das Schäfchen träumt, ein Wolf zu sein.
Und auch das brave Mutterschaf
denkt nicht im Schlaf,
sein Sprössling habe solche Phantasie.

Am Halm jedoch das kleine Krabbelvieh
reizt ungemein das Lamm zum Spiel.
Es blökt zu sich und halb zum Käfer hin:
„Du kleines Schaf! Sieh, welch ein Wolf ich bin!“
Mit spitzen Zähnen
und geschürzten Lippen kaut es
nun eben jenen
Käfer ab vom Wolfsmilchstiel.
Und merkt sogleich: das Bisschen war zu viel
für seinen Spielgenossen,
blickt leicht verdrossen
über diesen Schluss des Spiels.
Blökt abermals, nur leiser, leicht verstört;
ein Mähchen nur, doch Mutter hat´s gehört.

Sie hebt das Haupt und kurz die Augenlider
und denkt beim Klang des Klagelautes:
„Ach so. Mein Schäfchen träumt mal wieder.“

Durchgerasselt

Es traf einmal ein Klapperstorch
auf eine Klapperschlange.
Da klapperte der Klapperstorch,
denn ihm war schrecklich bange.

Die Klapperschlange sagte: „Ei!
Sie klappern ja ganz reizend!"
Dem Storch war nicht so wohl dabei.
All seine Federn spreizend,
hat er gebebt wie Espenlaub,
obwohl er gar kein Baum war.
Er machte sich schnell aus dem Staub,
und hofft´, dass das ein Traum war.

Die Klapperschlange hat geweint,
das sei erwähnt am Rande.
Vergeblich sucht sie einen Freund
für eine Rasselbande.

Das Krokodil

Es sprach einmal das Krokodil
zu seiner Krokodilin,
(wobei es schon verdaute,
während sie noch kaute):
„Du sollst mir nicht nur Tischgesell
sein, sondern auch Gespielin.
Drum schlag ich vor als Ausflugsziel
nach köstlicher Gazelle:
Komm mit! Wir schwimmen heut den Nil
hinauf zu seiner Quelle!"

Da stöhnt´ die Angetraute,
als sie flussaufwärts schaute.
„Das ist zu weit! Das ist zu viel!",
begann sie abzuwehren,
„Ich wär´ dafür, dass wir den Nil
statt dessen überqueren."

Denn so ein üppiges Gericht
macht eine Kroko-Dame träge;
und auch die Baderegel spricht:
Man soll sich nach dem Mahle nicht
im Wasser viel bewegen.

Dunkles Schicksal

Der Unkenruf im dunklen Krug
klang schon nach Unkenklage:
Sie hätt vom Dunkel nun genug
und wünschte, dass es tage.

Die Unke guckte stundenlang
nach Licht im Krug im Keller.
Ihr wurde mulmig, wurde bang;
es wurde nur nicht heller.

Die Unke duckt´ sich stumm im Krug,
versank in dumpfes Schweigen.
Sie wusste nun: es war nicht klug,
der Assel nachzusteigen.

Tierische Provokation

Ein Hund auf drei Pfoten
stand auf dem Rasen,
„Betreten verboten!"
stand auf dem Schild.

Zwei Parkhüter hatten
zur Jagd schon geblasen.
Quer durch die Rabatten
ging´s! Seltsames Bild.

Da rannten zwei Herren
mit wichtigen Mützen,
den Hund wegzusperren,
der Schilder nicht las,

und folgten dem Hunde,
den Rasen zu schützen,
und pflügten im Grunde
viel schlimmer durchs Gras.

Als beide am Ende
den Tunichtgut fingen,
war´n von dem Gelände
die Stiefel schon schwer.

Da schmälert verdrießlich
der Hund ihr Gelingen:
Sie hätten ja schließlich
ein ganzes Bein mehr!

Hundekälte

Der Windhund winselt von Nordost
aus unbeheiztem Zwinger.
Der Bote bringt die Morgenpost
und holt sich steife Finger.

Eingeigelt

Den Igel schützen Stachelspitzen
zu wenig vor dem argen Frost.
Und selbst ein Pelz würd wenig nützen.
Der Winter gibt nur karge Kost.

So hat in bunten Blätterhaufen
der Igel sich zur Ruh gelegt.
(Er scheut sich auch, auf Eis zu laufen,
weil er die Spikes am Rücken trägt.)

Weihnachtstraum

Ein Riesen-Kirscheiswaffelbaum
mit vierzig Kugeln dran,
das wär der schönste Weihnachtstraum,
den ich mir denken kann.

Die Spitze ziert ein Gummibär
aus grüner Gelatine;
die Zuckerstreusel rings umher
soll´n als Lametta dienen.

Der Fuß, der diesen Eis-Baum stützt,
ist ganz aus Schokolade.
Wenn man ihn nicht zu sehr erhitzt,
steht er auch ziemlich gerade.

Nur Kerzen brennen nicht daran,
wie sonst am Christbaum üblich,
sonst fängt er gleich zu kleckern an;
und das wär zu betrüblich.

Doch bleibt das alles nur ein Traum.
Es weiß ja, wer mich kennt:
Der Eisbaum überstünde kaum
zwei Tage im Advent.

Zwei Schäfchenwolken

Zwei Schäfchenwolken von männlichem Geschlechte
zogen zwei Tage und zwei ganze Nächte
auf der Suche nach der Herde
einmal um die Erde.

Von den Hirten, die eben die Blicke erheben,
hört man den einen flachsen:
„Das mag ja ein schönes Gewidder geben,
wenn die beiden noch wachsen!“

Die Paprikatze

Am Samstag nachmittag um zwei,
genau auf die Minute,
schleicht die Katze um den brei-
ten Sessel, wo der gute
Mensch, der ihr die Dosen öffnet, pennt.
Und weil sie ihm sein Mittagsschläfchen gönnt,
schleicht sie auf extra leisen Pfoten
durch die Stubentür hinaus
in die Küche zu den roten,
kleinen, trocknen Pfefferschoten
und langt aus dem Glasgefäß
sich ein paar davon heraus.
Genügsam, ihrer Art gemäß,
und wissend (was zu beider Glück):
Nicht alles ist hier für die Katz!
genehmigt sie sich zwei, drei Stück
und schleicht dann wieder leis zurück
auf ihren Katzen-Kuschel-Platz.

Beim ausgedehnten Mittagsdösen,
das zirka zwei, drei Stunden währt,
beginnt der Pfeffer, sich zu lösen.
Wobei dem Tier ein Duft entfährt,
der seine Tat verraten könnte,
wenn nicht der Mensch noch immer pennte.

Es sprach der Fuchs zum Hasen

Es sprach der Fuchs zum Hasen:
„Hast du schon gehört?
Die Jagd ist abgeblasen!
Jetzt sind wir ungestört!
Die Nachricht will gefeiert sein!
Ich lade dich zum Essen ein!"

Der Hase, von Natur aus scheu,
bedenkt kurz, was ihm angetragen.
Kaum ahnt er, wo der Haken sei,
sieht ihn der Fuchs schon einen schlagen
und blickt bedauernd hinterher.
Vom Hasen essen wird nichts mehr.

Die Rotschildkröte

Die Rotschildkröte hält die Nase
vornehm in die Höhe.
Im hohen Gras und Schilfe
ist das eine Hilfe.
Es ist jedoch auf kurzem Rasen
seltsam anzusehen.

Die Rotschildkröte putzt ihr Schild
mit Scheuersand blitzblank.
Dann schimmert es wie Kupfer.
Doch ist einmal ein Tupfer
von Dreck nicht wegzuscheuern,
dann färbt die Zornesröte
die ganze Rotschildkröte.

Dann kriecht und krabbelt sie wie wild,
als wenn es sich zu retten gilt,
zum Rotschildkrötenpanzerschrank
(der steht bei der Korallenbank),
ihr Rotschild zu erneuern.

Die Mär vom Tintenfisch

Es schwamm im tiefen Königsblau
ein Tintenfisch umher
und träumte, dass ´ne Märjungfrau
an seiner Seite wär.

Den Märchenschatz aus ihrem Mund
wollt er gern niederschreiben.
Doch leider war aus dunklem Grund
nicht eine aufzutreiben.

So schied der Tintenfisch von hier
und fing mit den Tintakeln
auf rosarotem Löschpapier
an, wild herumzukrakeln.

Der Traum von einer Märjungfrau
verblich schon nach Sekunden.
Auch war die Krakelei in Blau
bald vom Papier verschwunden.

Als selbst der Tintenfisch verblich,
wär gar nichts mehr geblieben,
hätt uns der Kugelschreibfisch nicht
die Mär hier aufgeschrieben.

Der Zahnwal

Der Zahnwal traf auf seiner Bahn
- sein Schlund ist wie ein Scheunentor! -
auf einen Kegelrobben-Clan
und nahm sich alle Neune vor.

Er hat nicht nur im Speiseplan
die Kegelrobben-Rudel.
Auch Seehund hat´s ihm angetan.
Er mag bloß keine Pudel.

Wie putzt wohl so ein Riesenwal,
der immer so gefräßig,
nach jedem reichen Robbenmahl
die Zähne regelmäßig?

So große Bürsten gibt es kaum
im großen, weiten Meer,
und selten treibt einmal ein Baum
zum Zähnestochern her.

Die Ankerleinen, wird gesagt,
zieht er sich durchs Gebiss,
hat manchen Kahn schon angenagt,
wenn nicht die Leine riss.

Auch Taschenkrebse sind vor Sylt
zu eben diesem Zweck
stets gut mit Seemannsgarn gefüllt,
das holt der Wal sich weg.

Ist mal der Wal ganz satt und sauber,
lässt er zum Spaß sich füttern;
doch bei der Menge der Urlauber
von Kinder nur, nicht Müttern.

Meer davon!

Im großen, weiten Ozean
ist Wasser unentbehrlich.
Kein Kutter käme sonst voran,
und schwimmen wär beschwerlich.

Recht ratlos läg der Wal im Tran.
Ihm fehlte die Erfahrung
genauso, wie dem Pelikan
der Sinn nach Trockennahrung.

Brach sonst schon mal ein Hochseekahn
in rauer See zusammen
(worauf im H_2Ozean
auch Ölsardinen schwammen),
wär ohne H_2O die See
noch rauer – durch die Steine.
Dem Fisch tät jede Flosse weh.
Im Grunde bräucht er Beine.

Aufgewirbelt

Wetzt die Katze um die Ecke,
hetzt der Hund gleich hinterdrein,
schubst dabei die Schnirkelschnecke
samt dem Haus von jenem Stein,
wo sie eben Flechte kaut.

Rollt nur eine kleine Strecke,
diese Schnecke mit dem Haus,
und erholt sich rasch vom Schrecke.
Doch sie kennt sich nicht mehr aus,
als sie in die Runde schaut!

Nichts mehr wirkt auf sie vertraut.
Denn sie denkt und lebt im Kleinen,
ist von niederer Natur.
So ein Wirbel-Tier mit Beinen
bringt sie völlig aus der Spur.

Ausgedehnte Expedition

Wcnn
die Schnecke
probiert, sich den Weg
abzukürzen, ohne dabei in
das Beet abzustürzen zwischen
Kohl und Salat mittels Ein-Fuß-Spagat,
mit dem Sterz noch im Haus und dem
Mundwerk voraus, langgestreckt
zum Tomatenblatt, hätt die
Schnecke fast schon die Form von Spaghetti – und wär auf dem Weg
zu den Partytomaten beinahe ganz aus dem Häuschen geraten.

Brief an eine Austauschschülerin

Du gingst für ein Jahr nach Amerika,
im Austausch, wie es heißt,
ganz in den Süden nach Florida.
Da bist du ja weit gereist.

In den Staaten soll alles viel größer sein:
die Autos, die Straßen, die Städte, das Land.
Nur sei dort die Weltsicht ein wenig klein.
Man fände zumeist nur sich selbst int´ressant.

Ich las, dass die Amis Klischees bedienen
(obwohl dieses Wort ja französisch ist!).
Ich hoffe dabei, du bewiesest ihnen,
dass du nicht „typische Deutsche" bist.

Du trugst doch gewiss keine Dirndlröcke?
In Deutschland hat Frau ja die Hosen an.
Und Lederhosen trägt Mann nur zum Zwecke
der Krad-Sicherheit auf der Autobahn.

Hast du die Regeln des Baseball verstanden?
Ich hab dieses Spiel nur in Filmen gesehn.
Ob sie wohl deshalb den *Home run* erfanden,
weil sie so selten nach Hause *gehn*?

Rund um den Globus sind Burger beliebt.
McDonalds haben wir auch, wie du weißt.
Ich fragte dich nie, ob es Döner dort gibt,
und ob man Delphinen die Reste hinschmeißt.

In Florida gibt es doch Küstengewässer
mit riesigen Mengen an Pelikan.
Bekommen die dort von den Leuten zu fressen
wie hier bei uns Ente und Höckerschwan?

Dir geht es wohl gut, denn du schreibst ziemlich selten.
Kann auch sein, dass die Schule und Hitze dort schlaucht.
Dein Stundenplan mag als Entschuldigung gelten
und dass so ein Auslandsbrief sechs Tage braucht.

Je länger du dich in den Staaten aufhieltest,
desto mehr machtest du dich in Briefen rar.
Dass, je wohler du dich in der neuen Welt fühltest,
die alte verblasste, war außerdem klar.

Die Zeit ist gewiss wie im Fluge vergangen.
Ja, acht Stunden sitzen kann lange sein.
Doch denkst du, wir wüssten nichts mehr anzufangen
mit dir? - Da musst du nicht bange sein.

Weil in deiner letzten Mail, die du schicktest
(als Kettenbrief wieder – das scheint ja modern!),
du dein Verhältnis zur Freundschaft ausdrücktest,
bestätige ich hier: Ich hab dich noch gern.

Du gingst für ein Jahr nach Amerika,
im Austausch, wie man es nennt.
Wir finden, du warst ziemlich lange da,
auch wenn man dir Abwechslung gönnt.

Wir Älteren sind in Beziehungssachen
vielleicht etwas sentimental:
Wir möchten den Austausch gern rückgängig machen.
Du fehlst uns ein bisschen in unserm Lokal.

Ein Märchen aus 101 Nacht

32

Das Menschlein, das mich angeblickt
aus Augen blank und braun,
ist hundert Tage alt.
Ich halte meine Hand zurück,
damit sie nicht vor mir erschrickt,
die winzige Gestalt
(die Finger sind zu kalt).

Doch warm ist unser beider Blick
- weiß nicht, wie lang wir schaun -,
auch wird die Seele warm.
Die Mutter hat wohl mitgekriegt,
wie hier ein Herz zum andern fliegt
und legt mir im Vertraun
ihr Kindlein auf den Arm.

Bin gar nicht mal so ungeschickt:
Ich summ und raun ihm zu
und wiege es ganz leicht.
Und als es friedlich eingenickt,
das Fäustchen an den Mund gedrückt,
in märchenhafter Ruh,
hab ich´s zurückgereicht.

Boulevard-Blätter

Es spielen die Blätter
bei herbstlichem Wetter,
vom Wind motiviert,
ziemlich unkontrolliert
und nur so zum Spaße
auf offener Straße
„Räuber und Gendarm"
und „Sperlingsschwarm".

Wird das stürmische Spiel
dann den Blättern zuviel
und sie legen sich nieder,
schon hat sie gleich wieder
ein Auto erfasst.
Nur kurz ist die Rast.

*

Herbstlaub überall.
Baum deckt seine Wurzeln zu.
Kronen stehen kahl.

*

Foliage in fall.
Trees are blanketing their roots.
Tops are standing bare.
The woods:
coloured overall.

*H*aikurioses[*]

Hai sah Bein im Meer.
Biss hierhin und nicht weiter.
*Ku*riert von Steinbein.

*

Goldfisch treibt im Teich,
liegt mit dem Bauch nach oben.
Spielt mir einen Streich.

*

Ohne Fleiß kein Reis
beim Essen mit zwei Stäbchen.
Braucht auch Zeit dabei.

---

[*] Haiku: japan. Gedichtform mit 5-7-5 Silben

Wal-Schlappe, japanisch

Lag ein Boot am Kai,
die Segel arg zerrissen.
Bot ein kläglich Bild.

War auf Walfang aus.
Wal hat auch angebissen.
Biss Boot fast entzwei.

Nur ein Mast noch ragt´.
Die Wellen glucksten leise.
Wal blies ab die Jagd.

Was noch heimgekehrt
nach mühevoller Reise –
nicht der Reede wert.

Feine Spinnereien

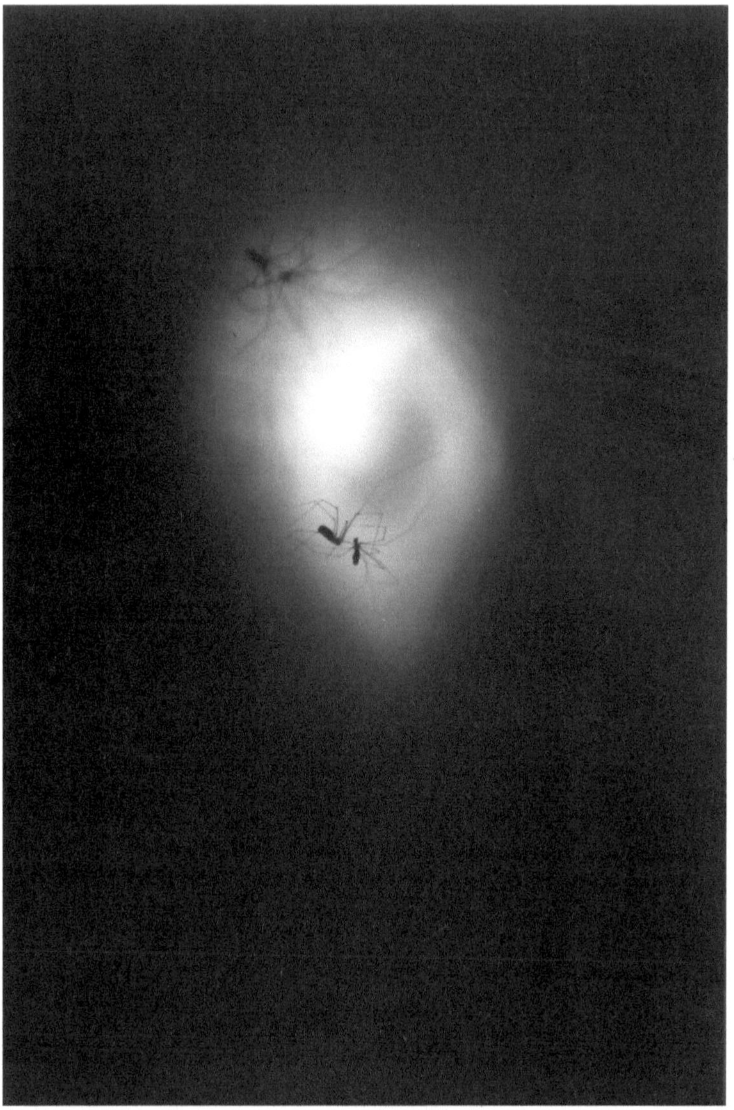

Spinne am Abend

Spidermann am Seidenfadi
seilt sich ab ins Bade-Wadi
(Wanne, die kein Wasser führt
ist das, wen es int´ressiert),
als ich abends, ziemlich spät,
noch einmal das Bad betret´.

Spider-Web ist schon gespannt
am Bade-Wadi-Innenrand.
Spider will ein Weib gewinnen,
welches im Gewebe innen
schon in Lauerstellung hockt
und das Spidermännchen lockt.

Spider naht um Mitternacht.
Wachsamkeit ist angebracht!
Würde unvorsicht´gerweise
Spiderweibes-Liebling-Speise.
Näherung ist ziemlich schwierig.
Spiderweiber sind so gierig!

Spider naht auf Zehenspitzen,
spürt sie in der Mitte sitzen,
tastet Fäden, testet lange,
widersteht dem innern Drange,
weicht zurück, wenn sie sich rührt
- weiß ja nie, wohin das führt...

Als sich nach drei Viertel Stunden
ihre Füße dann gefunden,
immer noch durchs Netz getrennt
(weil man sich ja gar nicht kennt),
tanzen beide im Duett
Sechzehn-Beine-Schleich-Ballett.

Geduldsfaden

Es wurde im Sommer vom Blatte gesungen
die Raupe – vom Schalldruck des Finkengesangs!
Kurz vor der Verpuppung zur Eile gezwungen
erklomm sie es wieder – mit Mühe gelang´s!

Dann spann sich die Raupe den Seidenkokon
(zum Schutze vor hungrigen Tieren)
und sann, sich beim Fink in der nächsten Saison
als *Schmetter*ling zu revanchieren.

Von Flauten und Flausen

Die müßigen Musen sind nun schon seit Wochen
im Oberstübchen am Däumchen-Drehen.
Hab den Faden verloren, doch ihnen versprochen,
mich ernsthaft nach einem Ersatz umzusehen.

Alle Flausen im Kopf hab ich ausgetrieben,
versponnen und auch noch verdichtet am End.
Doch waren die Musen entsetzt, und sie blieben
im Bummelstreik, bis sich was Besseres fänd´.

Fair Play

Es gibt derbe Späße,
für solche besäße
ich gar nicht die Freiheit
oder den Mumm.

Wenn in meiner Nähe
so etwas geschähe,
eine pure Gemeinheit
vor Publikum,
dann sträubte sich gar
mein sorgsam gepflegtes
und ab und zu
auch mal in Fettnapf gelegtes
Schabernackenhaar.

*

Dem Frischling eine Chance lassen,
mag man als Fairkelei auffassen.

Der Hausstaubegel

In Winsen steht ein Genlabor,
wo hinter starkem Eisentor
drei Wissenschaftler sitzen.
Sie woll´n der Menschheit nützen,
die, ach, so fern ist der Natur:
sind Allergenen auf der Spur.

Was Menschengeist und Forscherdrang
Jahrhunderte hindurch misslang,
was Theologen schaudern macht,
das hat der Mensch hier nun vollbracht;
ist in den Genpool eingetaucht,
um das zu schöpfen, was er braucht:
schuf gegen Hausstauballergie
ein egelhaftes, neues Vieh!

Der Egel, der sonst Blut gesogen,
ist solchermaßen umerzogen,
umgepolt, manipuliert,
dass Blut ihn nicht interessiert.
Und statt auf Adern wird er jetzt
auf Hausstaubmilben angesetzt.

Zur Linderung von Atemnot,
die Menschen durch den Hausstaub droht,
ist er dressiert, den Milbenkot
an Ort und Stelle abzusaugen.

Man sagt, die Hausstaubegel taugen
in Zukunft auch im Wandregal,
wo man im Jahr sonst nur einmal
mit seinem Lappen hingerät.
Ob da die Hausfrau widersteht?

Der Goldrandfisch

42

Der Goldrandfisch ernährt sich nicht
wie der ihm artverwandte
Silberfisch viel von Papier,
woran der gerne nagt.
Vielmehr bevorzugt dieses Tier,
wie schon sein Name sagt,
die goldverzierte Bücherkante.

Denn früher hat der oben schon genannte
sich oft mit Druckerzeugnissen geplagt,
bis er es irgendwann gewagt
hat und er jene Druckbuchstaben,
die den Darm gepeinigt haben,
ganz vom Speiseplan verbannte.

Nun isst der Goldrandfisch gesund
und frisst sich fröhlich satt,
weil er zur Nacht- und Morgenstund
nur Gold im Munde hat.

Reim dich und ich fress dich:
Der Gedichtbandwurm

Im Gegensatz zum Bücherwurm im Allgemeinen
ist der Gedichtbandwurm auf Lyrik eingerichtet.
Zumindest wurde er in keinen
Lexika bisher gesichtet.

Der Bücherwurm frisst jeden Text
mit Punkt und Semikolon.
Er nährt sich, mehrt sich und er wächst –
das Buch ist ziemlich hohl dann.

Den Gedichtbandwurm zieht es dahin,
wo Sätze maßvoll angerichtet.
In loser Prosa rumzulungern
käme ihm nie in den Sinn.
Er hätte brav darauf verzichtet
und würde lieber hungern.

Wo der Gedichtbandwurm zuletzt gesessen,
erkennt man im Gedichtband an den Enden
der Verse, die das Tier so schön begradigt h
Sind alle Reimeränder gründlich abgefresse
ist der Gedichtbandwurm zwar froh und sat
Doch durch das Werk des akkuraten Strolch
ist das Gedicht nicht länger mehr als solche
so richtig zu verstehen oder zu verwenden.

Sind sogar diese Verse schwierig nur zu les
ist der Gedichtbandwurm schon hier gewes

... mir kam soeben ein Gedanke, wie
wir weitres Versefressen wohl vermeiden:
Ich werde es dem unerwünschten Vieh
mit einem Wurm-fort-Satz verleiden!

Die Mär vom Baseler Dusaladim

Zum Kuckuck, der Sims à la Bim
vom Baseler Dusaladim!

Was ist das für ein Gefasel
vom Dusaladim aus Basel?

Der Dusaladim war ein Kupferschmied,
dem jedes Blech so fein geriet,
dass jedes Stück wie Glocken klang;
wusst´ selbst nicht, wie ihm das gelang.
Sein Fenstersims, sein Regenrohr
klang jedem wie Musik im Ohr;
hat gern sie zum Geschenk gemacht.

An Steuern hat er nie gedacht,
bis auf dem Baum der Kuckuck saß,
Gerichtsvollzugspapiere las.
Simse, Rohre, Kupferbleche
nahm der Kuckuck mit, der freche,
- unterstützt vom Pleitegeier -
für die Blechgewerbesteuer.

Ums Sims à la Bim war´s schade.
Doch dass es keine Gnade
gab für den Baseler Dusaladim,
das war für ihn besonders schlimm.

Von Basel ist er fortgegangen,
hat neu in Bamberg angefangen.
Sims à la Bim,
Bamberger Dusaladim.

Trocken-Biotob

Ein Obdach ganz aus Trockengras,
das wäre ein Ge*heu*se –
so richtig was zum Träumen!

Die Ähren aber locken das
Getier heran, wie Mäuse,
Milben, Käfer, Ratten,
die wiederum die Katzen.

Ein Jagen und ein Toben!
Gern-lange-Schläfer hatten,
trotz lästiger Mikroben,
mehr Ruhe auf Matratzen
in steinumbauten Räumen.

Die innere Haltung des Eigenschaftswurz

Dem Wurze gibt ein eigen Schaft
die Kraft, ins Erdreich sich zu schieben
und Halt, aus grünen Außentrieben
die Blätter nach dem Licht zu strecken.

Dergestalt, in vollem Saft,
übt er Reiz auf Hasen, Schnecken
und auf Möhrenfliegenmaden
aus. Das heißt,
er übt ihn üblich nicht – er *ist*
ein Reiz dem Wesen, das ihn frisst
und, wie ein Blick ins Beet beweist,
sich selber oft zum Schaden.

Ein Wurz, dem gar kein Schaft zu eigen,
wär äußerst eigenartig
und innerst ziemlich haltlos.
Er würde nichts als Blätter zeigen
und diese recht gestaltlos.

So machten nie ihn Hasen schartig
noch Möhrenfliegen madig.
Gar Gartenschnecken wär´n hochgradig
durch den Flachwuchs irritiert.

Nur Amöben, flechtenfladig
flachwurzähnlich ungestaltig,
hätten leicht ihn aufgespürt.
Doch sind die nicht int´ressiert.

Kurz: ein Wurz, der schafft, den Schaft
zu eignen Gunsten aufzugeben,
könnte ziemlich friedlich leben.
Bloß: der Aufwand wär gewaltig,
und so oberflächlich wär
er kein Wurz im Wortsinn mehr.

Winterlicher Vokalschlag

Die Bäume stehen kahl und grau –
kein Saft mehr in den Zweigen.
Vor meiner roten Nase steigen
Nebel auf ins kalte Blau.
Die Hände kribbeln, klamm und rau,
von engen Taschen eingezwängt,
in meiner dünnen Hose.
An Häuserwänden zittern lose
Plakate, die noch Sommer zeigen.
Und in der toten Landschaft hängt
weit ausgedehntes...
Schweigen.

Kaum wagt ein Laut sich jetzt
aus meinem Mund heraus.
Der lange Frost
raubt mir die Lust zum Sprechen.
Halb angefang´ne Sätze brechen,
nicht richtig angesetzt,
urplötzlich
ab

Sog.r d.. Whnchtspst,
d ch bgnnn hb,
fllt dsml s.

Dnn mn Gdnknflß st fst grnnn.
n Stz, dn ch m Kpf bgnnn,
bwgt s.ch hntr strffr Strn
nr mhsm drch ds trg Hrn.

Gegen Jahresende
(ein Epilog)

Das Schaltjahr liegt im Wochenbett
seit fast dreihundert Tagen.
Es hätt, wenn´s nicht versprochen hätt,
sich selber auszutragen,
den Umstand gern vermieden.

Vergangenheit summiert sich:
schon KW 43.
Ihm druckt´s in den Ka-lenden!

Nun sind´s noch achtundsechzig,
wenn es sich nicht verrechnet hat.
Nach soviel Tagen möcht sich
doch hoffentlich das letzte Blatt
zu seinen Gunsten wenden.

Doch wird die Zeit ihm lang,
ihm um sich selber bang.

„Was ist dem *letzten* Jahr geschehn?
Kann *das* nicht immer gelten?
Soll´s nun so ewig weitergehn?“,
hört man das Schaltjahr schelten.

Es schalt bisher noch niemals wen.
Ihm fällt es nur schwer, einzusehn:

Die Jahre sind verschieden.

Federlesen

Der Pfau schlägt alle Augen auf,
der Pfauenhenne wegen.
Der Goldfasan gab gänzlich auf,
ein goldnes Ei zu legen.

Die Elster

Die Elster trägt ihr Federkleid
vom Scheitel bis zum Schwanze,
als schillernde Persönlichkeit,
in schwarz mit grünem Glanze.

Und weil sie liebt, was leuchtet, passt
die weiße Federhose
zum Frack vorzüglich als Kontrast;
liegt eng am Bein – nicht lose,
wie bei den Menschenjungen!

Der lange Schwanz wirkt sehr apart,
in etwa nach Fasanenart.
Die Krähenfüße sind gepflegt.
Der Schnabel, schön geschwungen,
birgt aber raue Töne.
Wohl nie ist alles Schöne
in einem Wesen angelegt.

Die Elster sammelt in ihr Nest,
da hat sie eine Schwäche,
das, was nicht niet- und nagelfest,
mit blanker Oberfläche.

Die Leidenschaft scheint unbegrenzt
für das, was an der Sonne glänzt.
Sie weiß auch Buntglasketten
in ihr Nest zu retten.

Der Vorteil bei der Auswahl, was
die Elster gerne sammelt
an Plastik, Blech und Spiegelglas,
ist, dass es nicht vergammelt.

Erweiterte Symbiose

Sobald ein Mensch dem Ufer naht,
kommt auch der Schwan geschwommen
(und Enten gleich im Dutzend!).
Er hofft, man halte Brot parat.
Sonst wär er nicht gekommen.

So mancher Mensch entsorgt sein Brot
am Teich in großen Brocken
(den Sonntagmorgen nutzend).
Verschmäht der Schwan das Angebot,
lässt sich die Ratte locken.

Ein Fall von Ei versucht
52

Es fällt das Ei nicht weit vom Huhn;
das Straußenei fällt weiter.
Da steigt, dem Strauß es gleichzutun,
das Huhn auf eine Leiter
und legt sein Ei von oben her.

Doch ist´s nicht ganz dasselbe.
Das Nest ist leer,
und rings umher
liegt von dem Ei das Gelbe.

Parus capriciosus

Im Strauchwerk am Gartenzaun zwitschert es leise
und zärtlich. Da bleibst du gleich stehn.
Du näherst dich heimlich der lieblichen Weise
und möchtest das Vöglein wohl sehn.

So Freudiges, Jauchzendes, dann wieder Trauriges,
hörtest du niemals zuvor
und neigst diesem seltsamen, irgendwie launigen
Vogelsang staunend dein Ohr.

Du wendest dich heimlich ihm zu und trittst näher,
und als du dich vorsichtig bückst,
da schmettert es plötzlich und rätscht wie ein Häher!
So dass du dich heftig erschrickst.

Im Strauchwerk beschimpft dich der Wirrsing-Kohlmeiserich,
galt doch das Lied seinem Weib!
Hält kreischender-, lärmender-, zeternderweise sich
wirksam die Katzen und Krähen und Käuze
und Marder und Menschen vom Leib.

Die Sache macht deutlich, die Wirrsing-Kohlmeise
ist gar nicht so wirr, wie sie klingt.
Sie wird so nur selten den Räubern zur Speise,
sie paart sich und mehrt sich, dem Schöpfer zum Preise
und folgt einfach ihrem Instinkt.

Die Mastgans

Die Mastgans auf der Leitung saß,
weil grad kein Mast mehr frei gewesen,
und hat manch Telegramm zum Spaß
in Gänsefüßchen mitgelesen.

Hahn im Korb

Es kümmert sich im Korb der Hahn
um ungelegte Eier.
Er hat zwar weiter nichts getan,
doch lässt er sich gern feiern.

Nestwärme

Die Beutelmeise baut ihr Nest
aus alten Einkaufstüten.
Der Rohrspatz auf der Leitung lässt
im Kraftwerk schneller brüten.

Tafelfreuden

Die Tafelente steht beim Wirt
auf Rügen in der Kreide.
Die Hooligans nutzt unbeirrt
ein Fußballfeld als Weide.

Grzimericks[*]

Feurige Begrüßung

Es hat eine Qualle vor Juist
einen Badegast feurig begrüßt.
Doch, statt Dank ihr zu zollen,
schimpft er geschwollen,
sie hätt Sympathie eingebüßt.

Rebhühner

Es lud mal ein Winzer aus Kärnten,
um kernlose Trauben zu ernten,
zum Picknick im Frei´n
zehn Rebhühner ein,
die gerne die Kerne entfernten.

Vom Rollmops

Es wollte ein Bengel aus Bingen
einen Rollmops zum Radschlagen zwingen.
Der war stinkesauer,
denn die Zeit wär auf Dauer
bequemer im Glas zuzubringen.

---

[*] Grzimek, Bernhard, 1909-1987 , dt. Tierarzt, Zoodirektor, Tierfilmer

Hamsterrad

Es wollte ein Hamster aus Minden
das Rad einmal ganz neu erfinden,
hat die Speichen zernagt
und sich nachher geplagt,
die Teile erneut zu verbinden.

Türkentaube

Eine Türkentaube in Essen
hat nie ihre Herkunft vergessen
und großes Vergnügen,
bei Halbmond zu fliegen.
Sie gilt schon als Kauz unterdessen.

Zoo... m

Ein eiliger Krieger aus Niger
begegnete einst einem Tiger.
Du wunderst dich, wo?
Im Hamburger Zoo!
(Nur kurz, denn um fünf ging sein Flieger.)

Vom Pferde erzählende Verse

Der seinem Pferd *die* Sporen gab,
zählt nicht zu den Gescheiten.
Er brachte so sein Pferd ins Grab!
Nun mag er Schimmel reiten.

Schwer auf Trab

Ein Seepferdchen hatte erwogen,
im richtigen Rennen zu traben.
Doch, Zuschauerblicken entzogen,
trieb´s nur im Entwässerungsgraben.

Ein Steckenpferd stellte entschlossen
sich selbst mit den rassigen Rossen
des Reiterhofs auf eine Stufe.
Nur merkt es beim Ausritt verdrossen:
Es kommt nicht so recht in die Hufe.

Pegasus-Ritt

Es hielt ein Poet auf Pellworm
mit Reiten am Strand sich in Form.
Und scheute sein Schimmel
im Möwengewimmel,
beflügelte ihn das enorm.

Das Gyross

Das Gyross, auf der Stelle trabend,
dreht sich etwas panisch.
Dem Griechen, ihm die Pelle schabend,
wirkt es lipizzanisch.

*

Abschweifend wär zu erwähnen,
dass ein kupiertes Pferd
keiner Fliege etwas zu Leide tut.
Wohl aber umgekehrt.

Limericks

Ein Schaffner hat mal bei Cuxhaven
die Abfahrt des Zuges verschlafen.
Da verbot man sogleich
allen Schaffnern am Deich
in der Pause das Zählen von Schafen.

Es kurvte ein Bastler vor Borkum
mit seinem Leichtboot aus Kork rum,
warf zum Ankern das Blei,
traf ein U-Boot dabei –
und dümpelte dann vor New York rum.

Es versprach seiner Freundin in Herne
ein Ami vom Himmel die Sterne.
Sie hat ihm vertraut.
Er war Astronaut.
Nur blieb er zu lang in der Ferne.

Es grub mal ein Läufer aus Weimar
sein Startloch mit Schaufel und Eimer.
Doch grub er zu tief,
so dass er erst lief,
als das Rennen schon lange vorbei war.

Weinbau-Experten

Es waren Germanen des Rheingaus
schon sehr früh Experten des Weinbaus.
Um beim Weinfässer Eichen
die Norm zu erreichen,
fiel der Eichkater meistens nicht klein aus.

Familiensinn

Es machte, sagt man, auf Sizilien
ein Paten-Sohn groß in Textilien.
Die Tante zu Haus
wusch den Dreck wieder aus.
Darum schätzt man dort so die Familien.

Deutsch Südwest

Es fand ein Tourist aus Saarbrücken
´ne Pygmäenfrau sehr zum Entzücken.
Er war einsneunundachtzig –
wie lange wohl macht sich
der Mann nichts daraus, sich zu bücken?

Alles im grünen Bereich

„Einen wunderschönen guten Tag!" –
noch während ich das zu dir sag,
wird der Satz von der Freude begleitet:
Mir hast du ihn jetzt schon bereitet.

Guthaben

Zwei Stunden hab ich heut frei bekommen.
Die hätten sonst hinter verschlossenen Türen
sicher ein trauriges Ende genommen.
Nun werd ich die erste spazieren führen.

Die andere nehm ich dann für einen guten
Zweck mit zur Bank, und dort soll denn
der sonnige Tag mir die sechzig Minuten
jede einzeln vergolden.

So reich wie heut kam ich nie von der Bank
und hatte dabei doch gar keinen
Ballast mitzuschleppen. Denn Gott sei Dank
hat mich der Tag freundlich angestrahlt
und sich mir wunder-bar ausgezahlt
mit leichten Sonnen-Scheinen.

Feiner Anblick

Aus langen, feinen Blättern steigen
Halme, die sich leicht verneigen
und die reifen Ähren zeigen.

Der Anblick reizt mich – als Ästhet.
Auch mein Verstand ist angeregt.

Was ist das für ein Gras im Beet,
das da so schön in Blüte steht
mit lila Filigrannen?

Weil grad kein Gärtner greifbar ist,
genauso wenig ein Florist,
schreit ich, zwar nicht gescheiter,
doch eigentlich ganz heiter
und leicht bewegt,
von dannen.

Return of the spring.

The green around is setting
my heart on a swing.

The green of May
looks like „Hooray!“
in ev´ry twig and tree.
Although they bring
their cheer to spring:
that greeting's great to me.

The bugs and birds
don't have the words
like human poets do,
but chirp and sing
unto the spring.
That's lyric to me, too.

Frühlings Wiederkehr.

Mein Herz macht Höhenflüge
durch das Grün umher.

Das Grün im Mai:
ein Jubelschrei
an jedem Baum und Strauch.
Obwohl das Bild
dem Frühling gilt,
begeistert es mich auch.

Dem Federvieh
gelingt zwar nie
die hohe Kunst der Dichtung,
Zikadenklang
und Vogelsang
trifft aber schon die Richtung.

Feier-Abend

Frühlingsabend. Wonnetrunken zieh
ich schlenderradelnd durch die kleine Stadt.
Wolken, Luft und Licht sind Poesie.
Bin müde, aber auch ganz seltsam wach.
Bäume, Brücken, Türme und Gebäude
sind zärtlich eingehüllt in leises Licht.
Dem Schwalbenschautanz gibt zu meiner Freude
ein leerer Kaufhausparkplatz gute Sicht.

Im blassen Blau: fein eingeritzte Sichel;
der Abendstern darüber sitzt gekonnt,
mit Flugzeugdüsenstrahl gold unterstrichen
und feierrotem Rand am Horizont.

Leichter Wind lässt Lindenblätter tuscheln,
hält noch die Waage zwischen warm und kühl.
Dann ein paar Autos, die vorüberhuschen –
die Stille wird von Motorlärm durchdrungen.
Auch ein paar ungestümen Jungen
fehlt für den Feier-Abend leider das Gefühl.

Wetterwechsel

Wald steht dunkelgrün und stille,
wirkt ein wenig ausgezehrt,
wartet, dass dem Chlorophylle
etwas Stärkung widerfährt.

Regen kleckert auf die Blätter,
trieft und tröpfelt durchs Geäst.
Rieselt lange. Gerne hätt er
auch die Bodenschicht durchnässt.

Pilze schieben schon die Schirmchen
aus marodem Unterholz.
Schwüle weicht nun kühlen Stürmchen,
und aus schwarzen Wolken grollt´s.

Blitze zucken unentschlossen,
sind noch fern von einem Ziel.
Blütenstände stehn verschlossen:
Regen gern, doch nicht zuviel.

Hochsommer, artikuliert

die weiße Sonne,
die Schäfchenwolke,
die Lerche, die Schwalbe, die Weihe,
die hungrigen Schnäbel der Jungen,
der Eidechsenhals,
die Ähre am Halm,
die Drehzahl des Dreschers,
der steigende Qualm,
die schaurige Feuersirene

die Quecksilbersäule,
die Thermik am Strand,
die Krone der Kiefer,
das klare Azur,
das Meterbrett-Übermut-Knaben-Geschreie,
die rotnackenfördernde Damenfrisur,
die sprudelnde Kurparkfontäne

die gastronomischen Preise!

Auch eine Kunst:

Eben noch aus allen Wolken fallen
und gleich danach
sich locker-flockig niederlassen
und der Welt
alles Mögliche weiß machen.

… und liebe

Ich sitze
im Grünen
und liebe
eben dieses
in Bäumen und Wiesen;
auch Hundsrosenrosa
und Kirschblütenweiß,
Strohblond und Himmelblau,
Haselnussbraun
und alles
(beinah)
was die Sonne bescheint.

Ich lieg
auf der Wiese
und lausche
dem Zwitschern der Meisen
im blühenden Strauch,
den himmelhoch trillernden Lerchen,
dem Turteln passierender Pärchen
und dem behaglichen leisen
Glucksen in meinem Bauch.

Ich schaue
ins Blaue
und sauge
genüsslich den Duft
von geschnittenem Gras, ...

... den des Ackers,
vom Pflug frisch gewendet,
auch gern den des Waldes,
vom Regen noch nass,
im Sonnenschein dampfend,
die würzige Luft
voll Fichten- und Pilzgeruch spendend.

Ich liebe
das Stöbern in herbstbuntem Laub,
das Gestiebe
von pulvrigem Schnee,
die frostklare Luft,
dann den Duft von Kaffee
und von Tabak,
solang er nicht raucht ...

Ich treffe
ins Schwarze
zwei klarer Pupillen,
von freundlicher Miene umgeben,
und blinzle erschrocken,
doch hoff ich im Stillen,
so Schönes noch oft zu erleben.

Freiwald

Bin sacht
in den Wald hineinspaziert,
der mich umgibt
wie noch unberührt;
bin fast schon
hindurchgeschlichen.

Ich möchte nicht stören;
nur sehen und hören
und riechen.

Bin vorsichtig
etwas vom Weg abgewichen.
Der Empfang meines Auftritts,
so leise und weich,
weckt in mir tiefes Entzücken.

Kann alles genießen
im grünen Bereich
und wär im Moment nirgends lieber.

Busch-Windröschen bedecken
und zieren
den Boden
mit zahllosen, leuchtenden Flecken.
Ich zögere
einfach hindurch zu marschieren
und will mich nach Möglichkeit hüten,
nur eines davon zu zerdrücken.

Gundermanns blaurote Lippenblüten
schmunzeln ein wenig darüber.

Und wenn schon
gebrochene Birkenstämme
und eine rotbraune Fichte
konkret von Vergänglichkeit zeugen,
sind doch die Dinge bei sonnigem Lichte
besehn
noch immer sehr schön.

Um in des Windes beständigem Rauschen
in allen Blättern und Zweigen
dem Schmettern der Finken
und Hämmern des Spechtes zu lauschen,
bleibe ich stehn,
verharre ganz still auf der Stelle.

Ein Eichhörnchen saust
eine Kiefer hinauf.
Wie gern wäre ich sein Geselle!
Und bleibe doch immer ein Fremdling, ein Gast,
der irgendwie nie ganz ins Landschaftsbild passt,
trotz bestem Bemühen
und Loden.

Glückstreffer

Du kommst
vorbei
auf einen Sprung
und – Hei!
hast du mit deinem lieben,
kindlichen Elan
die Montagmorgen-Sorgenvögel
aufgeschreckt
und fortgetrieben.
Du hast mir gut getan.

Lieb äugeln ...

Du hast mich angesehn
so freundlich und so lieb,
so dass mein Blick verzückt
in deinem hängen blieb.

Bei diesem Glück im Kopf
fiel mir nichts weiter ein,
als mich zu trollen und allein
daran zu freun.

Kleiner Lichtblick
76

Zwei dunkle, klare Augen
über heller Hand.
Mehr sehe ich fast nicht.

Willkommenes Gesicht
im Kneipendämmerlicht.

Nahezu unbeschreiblich

Ein dunkler Mantel, schick und schlicht,
mit pelzbesetztem Kragen,
macht eben gegenüber halt
vorm abgestellten Wagen.

Zwei schmale Schuh in schwarzem Glanz
mit ziemlich hohen Hacken,
strecken vornehm die Gestalt
der Dame, die sie tragen.

Ein heller Schal umschmiegt den Nacken,
und alles überragen
die blonden Locken, hochgebunden
zu einem Pferdeschwanz.

Die Worte, die ich hier gefunden,
für solche Eleganz,
beschreiben doch den Eindruck nicht.
Der Anblick selbst ist ein Gedicht.
Was soll ich noch mehr sagen?

Blickfang

78

Hinter einer tapezierten Säule ragen
im Fenster eines feinen Restaurants
zwei Beine hervor, die, übereinandergeschlagen
mit einer gewissen Elegance,
in einer engen Perlonpelle stecken.
Ob jene wohl mit Absicht
schwache Männeraugen necken?

Überschwang

Wie du mich anlachst und mich grüßt,
vor Lebenslust und -freude sprühst
voll Über-Schwang und Über-Mut,
gefällt mir gut.

Ich hoff nur, deinem Partner passt,
dass du was für mich *über*hast.

Du Kolibri

Du lieber, kleiner Kolibri,
man sieht dich kaum still sitzen.
Den ganzen Tag und spät bis früh
sieht man dich fleißig flitzen,

bist nebenbei noch hilfsbereit
und immer in Bewegung.
Blüht wieder meine Phantasie,
dann nimmst du dir auch dafür Zeit,
fast ohne Überlegung.

Du flinker, kleiner Kolibri,
dein Tempo macht mich ganz verwirrt.
Kaum, dass man dich verschwinden sieht,
kommst du gleich wieder angeschwirrt.

Verfasst du einen Kolibrief,
so hat er zwanzig Seiten.
Du bist wohl klein, doch zu aktiv
für bloße Kleinigkeiten.

Dein Potential scheint riesengroß
für tausend Tätigkeiten.
Ich denk: Wie kannst du dabei bloß
noch soviel Ko-libreiz verbreiten?

Du Kolibri, lieb´ Vögelein,
bist immerzu im Gange.
Wie kannst du nur so rege sein?
Mich reizt, dass ich dich fange.

Doch meine Welt ist wohl zu klein
deinem Bewegungsdrange.
Ich fürchte sehr, du gingst mir ein.
Ich hätte dich nicht lange.

Du brauchst viel Platz, das ist mir klar,
dich richtig zu entfalten.
Und auch der beste Neck-Tatar
kann dich nicht lange halten.

So hoff ich, dass mein Schälchen Honig
dir manchmal süße Rast ist.
Und kommst du einmal, dann belohn ich
mich selbst, da du mein Gast bist.

Schöner Reinfall

Auf die Grübchen, die du grad auf dein Gesicht gelächelt hast,
fall ich immer wieder liebend gern herein.
Dass die Grübchen nicht für mich sind, überseh ich dabei fast,
und so kann mir das der schönste Reinfall sein.

Dicht´ auf den Versen der Minne

Ein wenig zag ich,
frag mich,
ob es wohl gelinge,
dass ich dich recht bedichte
und besinge,
dein Wesen wohl
in Worte und in Zeilen bringe.

Sonst wär ich mehr gewitzt
und mehr beredt,
hätt mir dein hübscher Kopf
den meinen nicht verdreht.
Wenn´s nicht um dich und mich,
das heißt: um alles, ginge,
tät ich mich leichter
als Poet.

Ich hab dich lieb

84

Ich hab dich lieb und hoffe sehr,
du findest es erträglich,
wenn ich dir künftig ungefähr
so ein- bis zweimal täglich
auf die Pelle rücke.

Dich nur zu hör´n, ist mir bereits
ein himmlisches Vergnügen,
und große Freude meinerseits
ist, wenn wir uns zu sehen kriegen.

Mich zu erfreu´n, fällt dir nicht schwer,
da reichen ein, zwei liebe Blicke.
Die größte Freude aber wär,
wenn ich dich ebenso beglücke.

Der Vers vom verhinderten Freier
86

Du schnuckelige, schafe Braut[*]
wirst heute dreißig Jahre
und Klinken putzen müssen.
Wer wagt, dich freizuküssen?

Ich hätte mich ja fast getraut.
Was ist jedoch mit „frei" gemeint?
Ich kriegte mich mit deinem Freund
nur ungern in die Haare.

---

[*] entschärfte Wortwahl

Ich häng an dir

Ich habe mich
mit mir noch gar nicht abgefunden.

Nun will ich dich,
hoff, meine Ecken
mit dir abzurunden
und zu verstecken
meine alten, wunden
Punkte und die schwachen
Stellen, die du – blind vor Liebe? –
übersiehst.

Ich will,
dass du vor mir
und für mich blühst
und dass du meine engen Grenzen
hübsch verzierst,
will vor und mit dir glänzen,
deine Eigenart
zu meinem Eigen machen,
dass deine Gegenwart
den argen Mangel füllt,
von dem ich ahne,
dass auch du ihn spürst.

Ich hab dich lieb
und hab dich angebrüllt
aus l a u t e r Liebe
und aus l a u t e r Angst,
weil du
so gut dastehst,
auch ohne mich.

Ich fürchte,
du hast einen schweren Stand
mit mir,
weil ich so häng an dir.

Ausgeschwärmt ...

Habe Hummeln im Hintern gehabt wegen dir,
und die Bienen,
welche statt kleiner Cupidos erschienen,
haben dir Honig ums Maul geschmiert.

Du wusstest das nicht recht zu schätzen,
hast etwas allergisch darauf reagiert
und ihnen und mir einen Korb verpasst.
Du hoffst, dass du nun wieder Ruhe hast.
Und ich muss mich auch erst mal setzen.

5

Schnee von gestern

Gestern
hab ich dich umtanzt,
luftig, leicht.
Und du und ich und alles in der Schwebe.
Und weil mir schien, dass dir gefiel,
wie ich dir dann zu Füßen lag,
so hell und neu,
war ich bereit,
dass ich mich dir zu eigen gebe.

Jetzt,
da ich dir an deinen Hacken klebe
und mich nicht wieder lösen mag,
erleb ich, wie du ohne Scheu
mich trittst und trampelst, wie du kannst.
Mit großem Eifer stampft und streicht
dein Fuß mich kurz und klein.
Mich los zu werden ist allein
dein Ziel.

Im Nachhinein
kann ich dir nicht mal böse sein.
Durch dich gewann
ich an
Profil.

Eingeschnappt

Mich wieder zu öffnen,
ist fürchterlich schwer
und geht wohl von beiden Seiten nicht mehr.

Mein Fett hab ich so gründlich weggekriegt,
dass sich nun nichts mehr bewegen lässt.
Alt und vertrocknet komm ich mir vor.

Zu aufrecht,
um aus dem Rahmen zu fallen,
sitze ich fest zwischen uns,
ich Tor.

Vorläufig auf den Hund gekommen

Ein streunender Hund
ist meine Seele
und stets auf der Suche nach Glück.
Die Pfoten sind wund,
doch die närrische Töle
hält nichts und auch niemand zurück.

Zwar wurde sie viel
von Enttäuschung geschlagen
und oftmals von Launen erschreckt,
doch wird sie ihr Ziel
weiter suchen und jagen,
von einer irrlichten Hoffnung geneckt.

Das streunende Tier
ist wohl reichlich geschunden,
hat struppiges Fell
und ist unterernährt.
Doch dürft es bei dir
etwas ruh´n und gesunden,
wär´s dein guter Gesell
und dein treuer Gefährt.

Gastrosophische Strophen

bierselig
etwas durch die Blume sagen
und den Schaum dir in Flocken
entgegenpusten

Cover_{ed} Girl

94

Ich bin guter Zuversicht,
dass hinter deiner dicken Schicht
von Lack und andrer Schminke
ein echtes, menschliches Gesicht
zu finden ist – und winke
dem wahren Wesen in dir zu.

In einem ungeschützten Augenblick hast du
mich ahnen lassen (oder eher: wissen),
dass hinter deinen coolen Dress-Kulissen
ein weiches, unverklebtes Mädchen steckt,
und das hat augen-blicklich meine Sympathie geweckt.

Mit besten Empfehlungen vom Chef

Eine Bar empfahl den Gästen
auf den Getränkekarten:
„Man soll den lieben Gott am besten
einen guten Mann sein lassen.“

Doch hatte Gott das selber schon
in Jesus, seinem lieben Sohn,
ganz prima hingekriegt

und: seit Aeonen warten
sie und müh´n sich, dass wir fassen,
was ihnen so am Herzen liegt:
dass w i r, durch seinen Geist, auf Erden
zu guten Frau´n und Männern werden.

Ein Midlife-Sommernachtstraum

Grünes Licht wird gegeben,
auch rotes und blaues,
dazu Stroboskop. Man erkennt nichts Genaues.
Die Möbel erbeben im dröhnenden Bass;
auf der Theke zwei Flaschen, ein halb leeres Glas
und Flecken und Ränder, wo vorher was stand.

Turtelbetäubt
von der Fee hinterm Tresen,
von sinneberaubender Sphäre gebannt,
hacke ich permanent mit den nervösen
Fingerspitzen im jagenden Takt.

Augen blitzen!
Mein glasiger Blick,
in weiblicher Schminke beinahe versackt,
wechselt zum starken Begleiter –
prallt ab,
springt zur Wand und gleich weiter
zur Tür.

Ein Rudel von Elfen betritt das Revier,
tuschelt und kichert blöd, als es mich sieht,
zieht duftend vorüber und
beugt sich dem Beat.

Schwindel befällt mich, ein dumpfes Gefühl –
Zu spät wohl! Beginne, durch Dunst und Gewühl,
an schwitzenden, zuckenden Leibern vorbei,
den Weg mir ins Freie zu bahnen.
Im brodelnden Kessel zu lang zugebracht –
erreiche den Ausgang ...

So klar ist die Nacht!

Die Sterne und Schwärze so hoch über mir.
Die Stille dort kann ich nur ahnen.
Der Lärm hier klingt aufdringlich nach im Gehör.
Der Rauch beißt noch hinter den Augenlidern.
Der Rhythmus im Bunker –
reizt nun nicht mehr.

Hier draußen ist's für mich gesünder.

Was wollte ich alternder Esel nur hier
im Trubel der tanzenden Kinder?

Das Leben ist schön

Das Leben ist schön - zumindest
sonntags in der Mittagsstunde.
Zu diesem Zeitpunkt findest
du mich, wohl nicht jedes Mal,
doch ziemlich regelmäßig
in meinem Stammlokal.

Es ist gemütlich braun möbliert
und auf seiner Karte führt
es günstig gute Speise.
Auch spielt Musik schön leise
dabei im Hintergrunde.

Es ist besonders schön, wenn man als Kunde
kommt – und nicht grad selbst serviert.
Und kämest du am nächsten Sonntag, säß ´ich
wahrscheinlich wieder hier
mit Blick zur Tür.

Zwei junge Männer sind hereinspaziert,
mit einem Collie und mit einem schwarzen Hunde.
Sie nehmen rechts am Fenster ihre Plätze ein.
Das wär nicht weiter interessant, im Grunde,
bloß fängt ein Junge eben an zu schrein.

Der Knabe, der wohl zu den Hunden will,
jedoch nicht darf, hat protestiert.
Ein kurzes Trotzen nur. Denn sein Gebrüll,
das zwar in alle Ohren dringt,
hat weder Mutter noch den Hunden imponiert
(nur mir, doch – ich verhalt mich still).

Die junge Dame, die das Essen bringt,
und Tische, Kinder und die Hunde
ganz souverän umrundet,
hat – bis an ihr Ellenbeugen! – alle Hände voll zu tun.
Ich denk, als ich auf meine Rechnung warte:
Erstaunlich, was so schmale, zarte
Arme alles tragen!
Ich darf dabei
mit abgefülltem Magen
vom Mahl und von der Arbeit ruhn.

Das Leben ist schön – zumindest
dem, der frei
und dessen Sinn ist,
es auch schön zu finden.

Herr K. macht einschneidende Erfahrungen

Das Messer führt Herr K. gewandt
und sicher mit der linken Hand
beim Bauernkäse Schneiden.

Das Käsemesser leiht sich
Herr K. bei seiner Nachbarin.
Sie reicht es ihm auch gerne hin.
Sie kann ihn ganz gut leiden.

Doch hält sie ihn für geizig,
nachdem sie sah, wie schrecklich dünn
die Scheiben ihm gelingen.
Die wirken auf sie wie seziert!
Sie hat sich nur bisher geniert,
ihm dieses vorzubringen.

Das Käsemesser aber führt
Herr K. indessen ungerührt
dem Käse neu zu Laibe.
Noch dünner wird die Scheibe!

Und Herr K. genießt sein Können.
Denn es treibt ihn nicht der Geiz.
Den Käse vom Aroma trennen,
ist dabei sein Ziel und Reiz.

Es steht Herrn K. der Sinn
nach jenseits von hauch-dünn.

Auf mich gestellt

Auf mich gestellt:
Mein Telefon
und mein Adressbuch liegt in meinen Händen.
Betrüblich schon,
wie schwer´s mir fällt,
die Wahl zu treffen – und wie leicht,
allein den Abend zu beenden.

Auf mich gestellt:
ein Teller voll mit Kuchen.
Auf meinem Löffel liegt ein Häppchen schon bereit.
Dieselbe Tour mit Eiskrem zu versuchen
wär zu riskant – falls etwas runterfällt.
Das Hemd schon jetzt zu wechseln, tät mir leid.

Auf mich gestellt
hat sich Cousinchen,
hat mich als Spielzeug auserwählt,
genau gesagt: als Trampolinchen –
mit dreißig Pfund auf meinen vollen Magen!
Ich bin ein Vetter, der was auf sich hält
und hab die Last ganz gern getragen –
des Kinds, das meine Muskeln stählt.

Lichtblick

Müde komm ich und voll Frust
ins Café herein,
hab zu gar nichts richtig Lust,
fühl mich schlecht und klein;
weil ich leider wieder mal
über Sorgen brüte.
Da kommst du, lieber Sonnenstrahl
und kitzelst mein Gemüte.

Denn du stehst da und lachst mich an
mit deiner guten Laune,
so dass ich fast nicht anders kann,
als dass ich guck und staune,
wie sich mein Kummer schon verzieht,
als wär´s ein Dunst am Morgen.
Kaum weiß ich recht, wie mir geschieht,
ist´s aus mit meinem Sorgen.

Ich weiß ja nicht so viel von dir,
mag sein, du hältst mich für verrückt,
doch denke ich: Gott hat dich mir
grad über meinen Weg geschickt,
und dank dir, lieber Sonnenstrahl,
mein Trübsinn ist vorüber.
Denn hab ich mal die freie Wahl,
ist mir die Freude lieber.

Lichtblick

Wohliger Schauer

Schwarz und süß
ist der Kaffee,
den ich, im Korbstuhl angelehnt,
vorm Bahnhofsrestaurant genieß.
Wobei das Freu-lein, das ihn brachte,
auf mich den gleichen Eindruck machte:
schwarz und süß.
Mir sind sie beide fast zu heiß.

Knallrot
ist meine Tasse,
die ich mit beiden Händen fasse
und mit warmem Schauer halte –
nicht die Farbe des Gesichts.
Ich bin im Mund und im Gemüt
inzwischen etwas abgebrüht.

Dass ich nun meistens weiter nichts
als Phantasie entfalte,
statt Arte-Fakten schaffe,
liegt daran, dass ich außerdem
so wie der Korbstuhl bin: bequem.

Wenn ich so jene junge Frau
und ihre Grazie beschau,
aus ihrer Sicht: begaffe,
fühl ich mich königlich bedient
zum Preis für einen Kaffe.

Betrachtung eines sehr speziellen Getränks

Das Spezi, das mir Judith brachte,
war in der Tat ein sehr spezielles.
Ein oben dunkles, unten helles
Spezi hat sie aufgetischt.

Ich möchte wissen, wie sie´s machte,
dass die Mischung sich nicht mischt!
Wie kriegt das Mädel so was hin?

Ach so. Die Cola war zu dünn ...

Nüchtern betrachtet

Herz ist Trumpf, Bruder.
Aber der Rumpf, Bruder,
wird von den Rippen gestärkt,
die dein Herz gut bewahren
vor manchen Gefahren.

Ich habe gemerkt,
den Trumpf deines Lebens
und deiner Träume
betäubst du oft örtlich
mit Wein oder Bier.

Herz ist Trumpf, sagst du mir.
Diesen Spruch nehm ich wörtlich,
so gut und bewusst ich es kann.
Vielleicht, irgendwann,
wird es uns öfter gelingen,
das Herz auf den Weg zu bringen
durch unsrer Rippen Zwischenräume.

Behutsam und herzlich aufzutrumpfen,
ohne im Leid dieser Welt zu versumpfen,
wagen wir dann.

Vielleicht
gelingt es ja auch ohne die
berüchtigte Lokal-Anästhesie.

Alleingang

Von Mitternachtsspitzen gepiesackt:
„Mal wieder allein auf dem Weg.",
bemerk ich: Das kommt, weil ich nie sag,
was ich will und zu spät überleg.

Als Fremdling mit fröstelnden Füßen
spazier ich allein durch die Stadt
und lausche, ob jemand mich grüßen
mag, schau, ob jemand Acht auf mich hat,

und höre die langsamen, schlaffen
Schritte des andern vor mir
und kann mich dazu nicht aufraffen
zu sagen: „Komm, Bruder, mit mir."

Zwischen Himmel und Erde

Gute Nacht

Der Himmel wirkt heute so hoch und so weit,
viel Spielraum für meine Gedanken;
sogar meine Seele: wie aufgeräumt.
Endlich einmal alles klar, wie es scheint
und zugleich
hell und weich
wie die Wolken, vom Mondlicht umsäumt.

Vom Wohl wollenden Deutschen (1992)

Jugoslawien ist weit,
auch Kurdistan nicht näher
meinem Herzen.
Bin niemals dort gewesen.

Afghanistan
liegt auch in weiter Ferne
und wie der Libanon in Krieg und Streit.
So kann man´s radiohören,
fernseh´n oder lesen

Hier bin ich
weit vom Schuss
und bin es gerne.
Die paar Mark Steuern mehr
kann ich ganz gut verschmerzen
und dass in meiner Straße
Fremde leben.

Weil ich doch selbst
nicht Haus und Land verlassen muss,
nichts meinem Wohl
bisher
im Wege stand,
da gönn ich´s
auch den Flüchtlingsheeren,
wenn sie nach Wohlstand
und nach Frieden streben,
wo´s mir
mit Abstand wohl
am besten geht.

Das Labyrind

Es äst das Labyrind und labt
sich an der grünen Hecke
des Irritierparks, und dann trabt
es bis zur nächsten Ecke.

Und wieder frisst es das Geäst
von Heckenblättern kahl.
Solang sich noch was fressen lässt,
ist ihm das Ziel egal.

Nach uns die Sintflut?

Auf der Welt ist fast nichts mehr im Lot
und die Menschheit korrupt und verroht.
Arme reiche Welt – nichts, was Gott gefällt.
Da hört Noah den Ruf: Bau ein Boot!

Auf den Auftrag ist Noah recht stolz.
Fluss und Meer sind zwar fern, doch was soll´s.
Das stört Noah nicht, denn das findet sich.
Vorerst hat er viel Pech und auch Holz.

Auf der Arche, die Noah gebaut,
wird noch rasch reichlich Futter verstaut.
Denn nicht lange mehr, dann geht rings umher
alles unter, was uns so vertraut.

Vierzig Tage, vierzig Nächte hört der Regen nicht mehr auf
und verschüttet alles Schlechte, und die Bösen gehen drauf.
Hundertfünfzig lange Tage tut die Flut ihr wildes Werk.
Erst nach hundertfünfzig Tagen ist die Menschheit übern Berg.

Auf der Arche ist tierisch was los,
alle Arten von Vieh, aber bloß
vier Paar Menschen war ihre Lage klar:
dass das Übel auf Erden zu groß.

Wer noch nie an sein Ende gedacht
und meint, es wär egal, was er macht,
bleibt im Regen stehn, wird kein Land mehr sehn,
hat sich selbst um sein Leben gebracht.

Das Ende von Eden

Das haben wir nicht gewollt:
Rasen mähen und Beete pflegen,
Kirschen und Äpfel ernten und Nüsse,
die Zweige beschneiden an Sträuchern und Bäumen,
Unkraut zupfen und Wegplatten fegen,
Mühe und Zeit investieren
- das war uns zuviel.

Ein Bagger begann,
irgendwann, das Gelände zu räumen,
den Rasen zu pflügen mit grobem Profil
und mit ihm die Beete und Wege.
Der Zaun und die Laube sind abgerissen,
die Bäume gefällt und die Wurzeln gerodet.
Den Platz wird man zubetonieren
- das haben wir nicht gewollt.

Auf dem Platz ist ein Heim für Senioren entstanden.
Als Folgemodell zu verstehn?
Bei denen, die dort ihren Alterssitz fanden,
lässt sich auch kaum jemand sehn.

Schweren Herzens

Dein Herz war von Kummer so voll und schwer,
ich merkte, du musstest um Fassung ringen
und wichest mir aus. Ich ging hinterher.
Ich weiß gern die Ursache von solchen Dingen.
Da hat schon ein winziger Anstoß genügt,
dass erst deine Augen dir übergingen,
und schließlich hielt auch dein Mund sich nicht mehr,
und ich hab die Ladung voll abgekriegt.

Da stand ich und schwieg und versuchte zu fassen,
was du vor mir alles rausgelassen.
Meine Seele probierte dabei den Spagat
zwischen Mitgefühl und kühlem Verstand.
Ich suchte mein Hirn ab nach Trost oder Rat
und brachte ganz sachte hervor, was ich fand.

Du hörtest zwar zu, doch was alles gewesen,
so ahnte ich, ist kaum mit Worten zu lösen,
und dachte betreten, da müsst´ jemand her,
der weiser als ich ist, der helfen kann.
Den Vorschlag zu beten nahmst du zum Glück an.
Danach war dir nicht mehr so fürchterlich schwer,

- wenn auch zunächst nur für einen Moment,
in dem du nicht grade alleine warst.
Weil sich die Seele nicht gar so leicht trennt,
obwohl sie dir unter der Last fast zerbarst,
war´n die bitteren Brocken erst nach etlichen Tagen
so einigermaßen abgetragen.

Mensch Mädchen!

Bodenloser Leichtsinn
hätte dir nichts angetan
und kaum vermocht,
dir Schaden zuzufügen.

Doch weil dich Schwermut zog,
war deine Landung hart.

Du warfst dich selber aus der Bahn.

Im freien Fall
ist keine Kurve mehr zu kriegen.

Dass du den Absprung schaffst,
hätt ich dir schon gegönnt.

Nur auf ganz andre Art.

Die unbehagliche Ruhe nach dem Sturm

Kein Trost-Pflaster war´s,
das deine Glieder zerschlug
und dich aus dem Leben gerissen.
Dir ging es, vermut ich,
schon länger beschissen,
nur mochtest du nicht drüber sprechen.

Zu spät, sich für dich
noch den Kopf zu zerbrechen.
Das hast du jetzt selber gemacht.

Ich sah dich ein paar Mal:
ein Kind in der Nacht,
ein rastloser Mensch unter vielen.
Tequila-beflügelt, cannabis-geölt –
versuchtest du „glücklich“ zu spielen?

Durch Diskos und Bars
ging dein nächtlicher Zug.
Hätt ich dich aufhalten müssen?
Du kanntest mich gar nicht,
ich dich nicht genug,
war zudem
zu bequem
und zu feige.

Nun sitz ich beim Frühstück
mit schlechtem Gewissen
vor deiner Todesanzeige.

notwendig

erst einmal
sich mit dem tod
auseinandersetzen
ich hier – er dort
aber im blick behalten

sich vom leben
zusammensetzen lassen
aus rat und tat
aus freud und leid
aus jux und tollerei

und irgendwann
endlich
aus und vorbei

vielleicht aber schließlich
unendlich

wer's glaubt
wird
selig

Entwaffnend

Von der Wahrheit entwaffnet, entrüstet, entblößt,
sucht die Seele erst bang nach Balance
und gibt dann erleichtert, vom Selbstschutz erlöst,
dem Frieden aus Gott eine Chance.

Vertrauensfrage – wenn´s eng wird

Mich auf dein Wort verlassen,
meinen Horizont verlassen,
von allen guten Geistern
Abschied nehmen
auf ein Wort
von dir:
komm

„Ihr seid das Salz der Erde“
118

Warum wir uns nicht fürchten müssen,
uns in diesem Leben
völlig hinzugeben:

Gott sagte, sinngemäß, er werde
am Jüngsten Tag das Salz der Erde
herauszuchristallisieren wissen.

Vom Leben gezeichnet
(für ein türkisches Stehaufmädchen)

Es blinzelt die Sichel des Mondes dir zu
und meint, dass der Schöpfer dich liebt.
Er schmunzelt: Im Fallen und Aufstehn bist du,
wie ein Katzenkind, prima geübt.

Und hat deine Landung, im äußersten Falle,
nicht recht auf den Pfoten geklappt,
dann fing er dich auf, wie mit silberner Kralle,
und setzte dich vorsichtig ab.

Hat dabei ein Kratzer dein Fell ramponiert,
was manchen als Makel erscheint,
so ist doch der Schnitzer, aus Liebe passiert,
als Merk-Mal des Lebens gemeint.

Punktum!

Es hockte im MANNshohen GRASe
ein kapitaler HASE.

Auf einmal, aus heiterem Himmel, erschien
ein Punktepaar – und beugte ihn.
Das GRAS um den HASEn beugte sich gar
einem weiteren Punktepaar.

Zahllose Punkte, immer zu zweit,
machten sich auf allen Dingen breit,
die sie zu hoch und zu großartig fanden.
Sie beugten sie nieder – und außerdem banden
sie alles mit kleinen,
doch kraftvollen -leinen.

Den HAKEN des HASEn selbst beugten sie nieder!
Der fand sich als winziges Häkelein wieder.
Das GRAS wurde zierliches Gräselein,
der HASE ein niedliches Häselein,
die TANNE ein Tännlein,
der MANN bloß ein Männlein.
Zum Fräulein auch wurde die FRAU degradiert.
Zum Schlüsslein war alles wohl doppelpunktiert,
was Ränglein und Nämlein besaß.

Was sollte nun das?

Es wollten die unendlich vielen und kleinen
Punkte, die oftmals so nichtig erscheinen
den HAUPTWORTEN, NAMEN und GROSSBUCHSTABEN,
die Relation mal auf den Punkt gebracht haben.
Sie zeigten mit ihrer vereinten Aktion,
wie an geeignetem Orte schon
ein kleiner, unscheinbarer Umlaut
die Großen und Namhaften umhaut.

Was zumindest die Leser der Evangelisten
Matthäus und Lukas schon wissen müssten,
ist, dass diese, wenn sie vom HÖCHSTEN berichten,
beim Umgang mit Punkten zu Sorgfalt verpflichten.
Sie genießen die Achtung der höchsten Instanz.

Das glauben die GROSSEN der WELT bloß nicht ganz.
Gewohnt, ohne Punkt oder Komma zu reden,
beugen sie mutwillig alles und jeden
und – werden am Ende doch selber gebeugt!
Das ist in den heiligen Schriften bezeugt.

Nirwanische Narrkoseworte

Weise aus dem Morgenlande!
Kreisend nahst Du dem Verstande,
sehnsuchtweckend, sehnsuchtnährend,
yogarythmisch wiederkehrend,
lullaleise Sinnenspeise!

Räucherstäbchendüfte steigen,
die verstärkte Wirkung zeigen.
Meine beiden Lider neigen
sich so sehr vom Schlummersande –
Denken kommt nur schwer zustande ...

Heimlich driften die Probleme
ins Narkotisch-angenehme.
Die exotisch-unbequeme
Lehre streift mich nur am Rande ...

Aus nahm leise mich der Weise,
wie so viele auf der Reise.
Armut ist ja keine Schande.

Guru,
nu ruh
ich bei dir, denn
ich hab nichts mehr zu verlieren;
brauch mich nicht zu orientieren.
Vage Richtung gibst mir
du nu.

Um die Wahrheit geht es auch

Die Wahrheit steht im Lexikon
zwischen „Wahn" und „Währung".
Das reicht sehr vielen Menschen schon.
Mir reicht es als Erklärung
dafür, dass sie oft untergeht
zwischen jenen beiden.

Malocht der Mensch von früh bis spät,
setzt Leib und Geist auf Null-Diät,
so hat er weder Lust noch Zeit,
noch zwischen Wahn und Wirklichkeit
bewusst zu unterscheiden.

In wohl fast jeder Religion
hat Wahrheitssuche Tradition
und gilt als hohes Ziel.

Doch Wahrheit steht oft im Kontrast
zur Wahr-nehmung der Leute.
Und wer sie sucht, erschrickt dann fast,
wenn sie sich zeigt. Man ahnt, sie passt
nicht zum modernen Lebensstil
und Wertgewühl von heute.

Der W e g als Ziel ist nun modern.
Man ist bewegt, kreist um den Kern,
um nirgendwo zu landen.
Man dünkt als guter Mensch sich gern,
betroffen, doch nicht sündlich
und manchmal unverstanden;
liebt Selbstbeschau (und Selbstbetrug),
was Suchenden oft Ziel genug,
lebt gerne unverbindlich.

Die Wahrheits-findung unterdessen
würd wohl an s i c h den Menschen messen
und verdürbe dann das Spiel.

Dichter an der Wahrheit

Das Wahre, *verum*, ist das Echte,
das Wirkliche und auch das Rechte –
im Wörterbuch so definiert.

Wer mehr darüber wissen möchte
und sich dessen nicht geniert,
könnte in der Bibel lesen,
was Johannes schreibt –
auch Paulus im Korintherbrief:
dass unser Wissen Stückwerk sei,
in dieser Welt noch *sub*jektiv,
und Grenzen unterworfen bleibt.
Auch sei die höchste Wissenschaft
als Erdenmenschengeisteskraft
nicht völlig schwindel-frei.

Die Wahrheit fällt mit uns ein Stück,
wenn wir Hochmut hegen
und Halbwahrheiten pflegen.
Doch sie fällt nicht weit.
Sie fällt nur in sich selbst zurück,
sucht nach Gelegenheit
und erschließt sich neue Wege,
sich ans Licht zu bringen,
ohne sich uns aufzuzwingen.

Was ist es, das sie bei uns hält? –
Ich glaub, wir tun ihr leid.

Die Wahrheit steht, als Gottes Wesen,
fest. Sie ist und bleibt,
wenn alle Dinge schwinden,
auch die wir uns erfinden.

Wer nicht nur an den Dingen klebt,
sich nicht an sie verliert
und wirklich nach der Wahrheit strebt
und ihr zu leben ausprobiert,
der wird sie noch ergründen.

Die Wahrheit steht bereit.

Nicht almosern, bitte

Ein bettelnder Arm, mir entgegengestreckt,
ein Augenblick voller Flehen.
Wie könnt ich da weitergehen?
(Ich war auf dem Weg ins Café.)

Hab der Armen ein gutes Stück Geld zugesteckt.
Das tut mir ja wahrlich nicht weh.
Doch im Übrigen hab ich Distanz gewahrt,
mit echtem Verständnis und Wärme gespart;
sonst kommt ihr womöglich noch mal die Idee.

(Hatte ich nicht was vergessen?
„Mit dem Maß, das du wählst, wird dir selbst zugemessen ...")

Dann machte ich, Kleingeld zu holen, kehrt
(ich hatte mein vorläufig Letztes gegeben)
und – durfte mein leicht-blaues Wunder erleben,
ein kleines Erlebnis von mehrfachem Wert.

Die Bettlerin, die mir begegnete,
und die mich beim Weitergehn segnete
(ich dachte, das wär nur symbolisch,
orthodox vielleicht oder katholisch),
wurde wohl schnellstens erhört:

Ich fand in dem Fach mit meinem Ersparten
unter Papieren und wider Erwarten
einen schönen und großen Fünfziger mehr,
den ich, wohl drei bis vier Wochen vorher,
dort hingesteckt hatte und nicht mehr bedachte.

Nachdem ich die schöne Entdeckung dort machte,
war mir gleich klar, was ich außerdem fand:
Ein Vorweihnachtsengel im Armen-Gewand
erschien mir, mich leicht zu blamieren
und mich mir vor Augen zu führen –
wie reich *und* wie arm ich doch eigentlich bin,
geb ich meine Gaben nicht herzlicher hin.

Erd-Nüsse

Was wir einander auf Erden gönnen
oder im besten Fall geben können,
ist, mit dem himmlischen Reichtum verglichen,
nur „Peanuts" zu nennen.

(Wobei manche gar schon nach kleinen Gaben
fast lebenslänglich zu knabbern haben.)

Fest-Rede

Dynamik und Beweglichkeit,
so lautet das Gebot der Zeit
und: Flexibilität.

Doch, übertreibt man das Gebot,
gibt´s einiges, das aus dem Lot
und aus dem Leim gerät.

Was, wenn ein Weg sich fortbewegt,
vom Ort, wo man ihn angelegt,
weil ihn Verwegenheit erfasst?
Dann heißt es: Menschen, aufgepasst!
Wie könnten Kartographen
da noch schlafen?

Was, wenn Türme türmen mögen,
sich aus der Affäre zögen
zwischenmenschlicher Entzweiung?
Welch ein Grenz-Fall der Befreiung!
Was würde das die Grenzwachposten
Nerven kosten?

Was, wenn Dachstuhlstreben träumen,
sich wie früher aufzubäumen,
als sie noch zum Baum gehörten
und sich ziegellos vermehrten?
Bei solcher Strebsamkeit erschreckten
nicht nur Architekten.

Dass die Streben aufgegeben,
noch nach Höherem zu streben,
seit sie einen Stuhl verstärken,
wag ich lobend anzumerken.
Mir sind sie sehr sympathisch,
so statisch.

Ich wünsche, einmal Fest zu halten:
Gott sei Dank, die guten, alten
physikalischen Gesetze
sind nicht von moderner Hetze
oder Staats- und Wirtschaftsrechten
anzufechten.

Flexibel sein in solcher Weise,
dass man stoppt und in sich kehrt,
wäre doch für Wirtschaftskreise
auch einmal erwägenswert.
Ein fester Stand ist immerhin
auch ein Gewinn.

Abgestellt

Was einst ein flotter Feger war
mit dichtem, weichem, langem Haar,
zur Arbeit tüchtig und geschickt,
liegt abgestumpft
und leicht geknickt
im Abstellraum seit Tag und Jahr.

'Ne alte Schachtel liegt daneben,
die früher gern aus ihrer Fülle
alles reichlich hergegeben.
Jetzt birgt nur ihre blasse Hülle
noch ein paar Bilder alter Zeit.

Achtlos liegen in der Ecke,
die zum alten Eisen zählen,
gerieten wie die alten Säcke,
denen Halt und Inhalt fehlen,
lange in Vergessenheit.

Widerborstig und versponnen
sieht man nun die beiden Alten;
was einst frisch und stark begonnen,
kann der Stock heut kaum noch halten.

Wenn sie auch nie wieder kehren,
die Diener der Vergangenheit,
halte ich sie doch in Ehren.
Denn sie machten lange Zeit
für uns jede Dreckarbeit.

Welch ein Glück?

132

Es ahnt im Gras der grüne Klee
nicht, dass er dich beglückt.
Schon gar nicht käm ihm die Idee,
dass man ihn deshalb pflückt.

Ein Ochse sah im Kleeverzehr
sein größtes Glück, doch später
lag ihm im Darm der Kleeklops quer.
Am Tag danach noch bläht´ er.

Schmerzliche Niederlage

Ein Fakir hat beim Feuerlauf
sein Nagelbett entzündet.
Dass er sich nun die Haare rauft,
ist nicht so unbegründet.

Denn die Versicherung verwehrt
das Geld für Brett und Nägel.
Sie schreibt, das Bett so nah am Herd
wär gegen jede Regel.

Der Fakir nun verarmt komplett,
geht bloß in Sack und Asche
und liegt, statt auf dem Nagelbett,
der Mutter auf der Tasche.

Nicht zu fassen!

Auf dem Höhepunkt meines Glücks bin ich
in den Keller hinabgestiegen,
um nach Worten dafür
zu kramen.

Jetzt stehe ich da
wie mit billigen Rahmen
und einer schlechten Kopie.

Weltspartag?

Es ist zum Glück nicht Gottes Art,
sich knauserig zu zeigen.
Hätt er sich diese Welt erspart,
wär alles hier nur ...
Schweigen.

Mein Dank an die Musen und Mutmacher

Bernhard: „Was macht die Kunst?",
Dirk-Hinrich für den Hinweis auf das Notwendige,
Antje für die Bekanntschaft mit Haikus,

Jo-Jo, Kirsten, Sibylle, Sandra,
Hilal, Swetlana, Edel, Svenia und Tanja
für Liebe, Freud und Leid und ähnlich geartete Anregungen,

Dieter W., Hanna D., Hansjürgen und Judith,
Beate und Martin, Silvia und Christian,
Heinz und Kollegen, Jana, Julia, Nina Y.,
Printa, Rüle, Susanne und Theresa
für weitere Denkanstöße,

Margot und Renate,
Gerhard Kreuzer,
den Kulturverein Schweizerhof und
die Märchenwerkstatt Knaut,
den Café-, Kneipen- und Kirchenfreunden
für Gelegenheiten, meine Verse unters Volk zu bringen,

Wolfgang, Dagmar, Dea und Oz für die praktische Unterstützung,
Herrn Roreck für den grammatischen Durchblick,
Bob for his britical & brightening assistance,
Godje für´s Ablichten,

meine Familie
für die biologische und soziale Ausrüstung,

Gott
für Begabung, Begegnungen und brauchbare Sinne